www.sachildrensbooks.com
Copyright©2015 by Inna Nusinsky Shmuilov
innans@gmail.com

All rights reserved. No part of this book may be reproduced in any form or by any electronic or mechanical means, including information storage and retrieval systems, without written permission from the publisher or author, except in the case of a reviewer, who may quote brief passages embodied in critical articles or in a review.
Tous droits réservés. Aucune reproduction de cet ouvrage, même partielle, quelque soit le procédé, impression, photocopie, microfilm ou autre, n'est autorisée sans la permission écrite de l'éditeur.
First edition, 2016

Boxer and Brandon (French English Bilingual Edition)
ISBN: 978-1-77268-691-3 paperback
ISBN: 978-1-77268-692-0 hardcover
ISBN: 978-1-77268-690-6 eBook

Although the author and the publisher have made every effort to ensure the accuracy and completeness of information contained in this book, we assume no responsibility for errors , inaccuracies, omission, inconsistency, or consequences from such information.
Please note that the French and English versions of the story have been written to be as close as possible. However, in some cases they differ in order to accommodate nuances and fluidity of each language.

Créé par Inna Nusinsky
Created by Inna Nusinsky

Illustrations de Gillian Tolentino
Illustrations by Gillian Tolentino
Traduit de l'anglais par Léa Plasse
Translated from English by Léa Plasse

Bonjour, mon nom est Boxer. Ravi de te rencontrer ! Ceci est l'histoire de ma rencontre avec ma nouvelle famille.

Hello, my name is Boxer. I'm a boxer. This is the story of how I got my new family.

Tout a commencé quand j'avais deux ans.
It all started when I was two years old.

J'étais sans abri. Je vivais dans la rue et mangeais dans les poubelles. Les gens s'énervaient contre moi quand je renversais leurs poubelles.
I was homeless. I lived on the street and ate out of garbage cans. People got pretty mad at me when I knocked over their trash cans.

*– Sors de là ! me criaient-ils.
Parfois je devais m'enfuir vraiment vite !*
"Get out of here!" they would shout. Sometimes I had to run away really fast!

Vivre en ville, ça peut être dur.
Living in the city can be hard.

Quand je ne cherchais pas de la nourriture, j'aimais m'asseoir et regarder les gens marcher sur le trottoir.

When I wasn't looking for food, I liked to sit and watch people walk by on the sidewalk.

Parfois, je regardais les gens avec mes yeux tristes et ils me donnaient de la nourriture.

Sometimes, I would look at people with my sad eyes and they would give me food.

– Oh, quel joli toutou ! Tiens, prends un casse-croûte, disaient-ils.

"Oh, what a cute doggy! Here, have a snack," they would say.

Un jour, un petit garçon et son papa marchaient vers moi.

One day, a little boy and his dad were walking toward me.

– Comment est ton sandwich au beurre de cacahuète et à la confiture, Brandon ? demanda le papa du petit garçon.

"How's that peanut butter and jelly sandwich, Brandon?" asked the boy's dad.

– Brandon, ne nourris pas ce chien ! Sinon il reviendra tout le temps, s'exclama son papa. Brandon reprit le sandwich.

"Brandon, don't feed that dog! He'll just come looking for more," exclaimed his dad. Brandon pulled the sandwich back.

Si près – je pouvais sentir le beurre de cacahuète ! Les parents ne voulaient jamais partager avec moi !

So close—I could smell the peanut butter! Parents never want to share with me!

Je gémis aussi piteusement que je pus tandis qu'ils s'éloignaient.

I whined as pitifully as I could as they walked away.

Après ça, je décidai de poursuivre un chat, puis je fis une sieste. Je fis un rêve merveilleux.

After that, I decided to chase a cat, and then I took a nap. I was having a wonderful dream.

J'étais dans un parc et tout était fait en viande ! Les arbres étaient des steaks ! C'était le meilleur rêve de ma vie.

I was in a park and everything was made from meat! The trees were steaks! It was the best dream ever.

Quelque chose me réveilla, pourtant. Pile en face de moi se trouvait un morceau de sandwich ! Je sautai sur mes pattes et le gobai.

Something woke me up, though. Right in front of me was a piece of a sandwich! I jumped to my feet and gobbled it down.

Hmmmm ! C'était si bon ! Pile comme dans mes rêves.

Mmmmm! It was so good! Just like my dream.

– Chuuut, dit Brandon. Ne le dis pas à Papa. Quel gentil petit garçon, pensai-je.

"Shhh," said Brandon. "Don't tell Dad." *What a nice little boy*, I thought to myself.

Jour après jour, Brandon vint me rendre visite et me donner un casse-croûte. Puis, un jour...

Day after day, Brandon would come visit me and give me a snack. Then, one day...

– Dépêche-toi, Brandon. Tu vas être en retard à l'école, dit le papa de Brandon.

"Hurry up, Brandon. You'll be late for school," said Brandon's dad.

– J'arrive ! cria Brandon en courant, lâchant un sac marron sur le trottoir.

"I'm coming!" shouted Brandon as he ran past, dropping a brown bag on the sidewalk.

En reniflant, je marchai jusqu'au sac et regardai dedans. Il était plein de nourriture !

Sniffing around, I walked up to it and looked inside. It was full of food!

J'étais sur le point de tout manger quand je pensai à quelque chose : *Brandon m'amène toujours de la nourriture quand j'ai faim. Si je mange sa nourriture, alors c'est lui qui aura faim. Ce n'est pas juste.*

I was just about to eat it all when I thought of something. *Brandon always brings me food when I'm hungry. If I eat his food, then he'll be hungry. That isn't fair.*

– *J'arrive, Brandon ! hurlai-je.*
"I'm coming, Brandon!"
I howled.

Lui et son papa étaient plus loin dans la rue. Je leur courus après avec le sac marron dans la bouche.
He and his dad were way down the street. I ran after them with the brown bag in my mouth.

Alors que je passai devant une allée, je vis un chat. Je déteste les chats ! J'oubliai ma mission et lâchai le sac.

As I was passing an alleyway, I saw a cat. I hate cats! I forgot about my mission and dropped the bag.

– Wouf, sors d'ici, chat ! aboyai-je.

"Bark, get out of here, cat!" I barked.

Puis je me rappelai du déjeuner de Brandon. Il allait avoir faim si je ne lui ramenais pas son déjeuner !

Then I remembered Brandon's lunch. He was going to be hungry if I didn't bring him his lunch!

C'était dur, mais j'oubliai le chat. Je ramassai le sac marron et me mis à courir.

It was hard, but I forgot about the cat. I picked up the brown bag again and started running.

Plus loin dans la rue, je m'arrêtai encore. Une boucherie !

Further down the street, I stopped again. A butcher shop!

Il y avait des morceaux de viande et de saucisse accrochés partout. Hmmmm...

There were pieces of meat and sausages hanging everywhere. Mmmmm...

Attends ! Je devais amener son déjeuner à Brandon ou il allait avoir faim !

Wait! I had to bring Brandon his lunch or he was going to be hungry!

C'était dur, mais j'oubliai la viande. J'attrapai le déjeuner et recommençai à courir.

It was hard, but I forgot about the meat. I grabbed the lunch and started running again.

Je tournai au coin de la rue et m'arrêtai. Il y avait un autre chien, qui remuait la queue.

I turned a corner and stopped. There was another dog wagging his tail.

– Salut, tu veux jouer ? Aboya-t-il.

"Hi, want to play?" he woofed.

– Oh oui ! répondis-je. Oh, attends, je ne peux pas jouer maintenant. Il faut que j'amène son déjeuner à Brandon.

"I sure do!" I answered. "Oh, wait, I can't right now. I have to bring Brandon his lunch."

C'était dur, mais j'oubliai les jeux. J'attrapai le déjeuner et recommençai à courir.

It was hard, but I forgot about playing. I grabbed the lunch and started running again.

Je vis l'école – et voilà Brandon et son papa ! Je courus aussi vite que possible.

I could see the school—and there was Brandon with his dad! I ran as fast as I could.

M'arrêtant devant Brandon, je lâchai le sac marron sur le trottoir. Juste à temps !

Stopping in front of Brandon, I dropped his lunch bag on the sidewalk.
Just in time!

– Regarde, Papa, il m'a ramené mon déjeuner ! s'exclama Brandon.

"Look, Dad, he brought my lunch!" exclaimed Brandon.

– Wahou, en effet. C'est incroyable ! dit son papa. Ils me caressèrent tous les deux la tête.

"Wow, he sure did. That's amazing!" said his dad. They both patted me on the head.

Brandon était content et son papa aussi.
Brandon was happy and so was his dad.

En fait, son papa était si content qu'il me ramena chez eux. Il me donna un bain. Il me donna à manger !
In fact, his dad was so happy that he brought me home. He gave me a bath. He gave me food!

Maintenant, quand Brandon et son papa vont balader, j'ai le droit d'aller avec eux. Et quand ils rentrent à la maison, j'ai le droit de rentrer avec eux !
Now when Brandon and his dad go walking, I get to walk with them. And when they go home, I get to go home with them!

J'adore ma nouvelle maison et ma nouvelle famille !
I love my new home and my new family!

www.ingramcontent.com/pod-product-compliance
Lightning Source LLC
Chambersburg PA
CBHW051303110526
44589CB00025B/2923